Name _____

CHAPTER 1

Exercise 1A1

1. _____ Owners a. Whether the firm can pay its bills on time.
2. _____ Managers b. Detailed, up-to-date information to measure business performance (and plan for future operations).
3. _____ Creditors c. To determine taxes to be paid and whether other regulations are met.
4. _____ Government agencies d. The firm's current financial condition.

Exercise 1B1

CHAPTER 1

Exercise 1A2

_____

Exercise 1B2

_____	Analyzing
_____	Recording
_____	Classifying
_____	Summarizing
_____	Reporting
_____	Interpreting

Name _____   CHAPTER 2   3

Exercise 2A1 or 2B1

Classification

_____
_____
_____
_____
_____
_____
_____

Exercise 2A2

Assets	=	Liabilities	+	Owner's Equity
_____	=	$24,000	+	$10,000
$25,000	=	$18,000	+	_____
$40,000	=	_____	+	$15,000

Exercise 2B2

Assets	=	Liabilities	+	Owner's Equity
_____	=	$20,000	+	$ 5,000
$30,000	=	$15,000	+	_____
$20,000	=	_____	+	$10,000

Exercise 2A3 or 2B3

	Assets	=	Liabilities	+	Owner's Equity
(a)	_____		_____		_____
Bal.	_____		_____		_____
(b)	_____		_____		_____
Bal.	_____		_____		_____
(c)	_____		_____		_____
	_____		_____		_____
Bal.	_____		_____		_____
(d)	_____		_____		_____
Bal.	_____		_____		_____

Exercise 2A4 or 2B4

	Assets	=	Liabilities	+	Owner's Equity					
					Capital	−	Drawing	+	Revenue	−	Expenses
Bal.	_____		_____		_____		_____		_____		_____
(e)	_____		_____		_____		_____		_____		_____
Bal.	_____		_____		_____		_____		_____		_____
(f)	_____		_____		_____		_____		_____		_____
Bal.	_____		_____		_____		_____		_____		_____
(g)	_____		_____		_____		_____		_____		_____
Bal.	_____		_____		_____		_____		_____		_____
(h)	_____		_____		_____		_____		_____		_____
Bal.	_____		_____		_____		_____		_____		_____
(i)	_____		_____		_____		_____		_____		_____
Bal.	_____		_____		_____		_____		_____		_____
(j)	_____		_____		_____		_____		_____		_____
Bal.	_____		_____		_____		_____		_____		_____

Name _____ CHAPTER 2

Exercise 2A5 or 2B5

Account	Classification	Financial Statement
Cash	_____	_____
Rent Expense	_____	_____
Accounts Payable	_____	_____
Service Fees	_____	_____
Supplies	_____	_____
Wage Expense	_____	_____
_____, Drawing	_____	_____
_____, Capital	_____	_____
Prepaid Insurance	_____	_____
Accounts Receivable	_____	_____

Problem 2A1 or 2B1

	Assets	=	Liabilities	+	Owner's Equity
1.	_____		_____		_____
2.	_____		_____		_____
3.	_____		_____		_____

Problem 2A2 or 2B2: See page 6

Problem 2A3 or 2B3

JOURNAL   PAGE _____

	DATE	DESCRIPTION	POST. REF.	DEBIT	CREDIT	
1						1
2						2
3						3
4						4
5						5
6						6
7						7
8						8
9						9
10						10
11						11
12						12

Problem 2A2 or 2B2

	Assets			=	Liabilities	+	Owner's Equity				
	Cash	+	Office Equip.	=	Accounts Payable	+	Capital	−	Drawing	+	Revenue − Expenses
(a)											
Bal.											
(b)											
Bal.											
(c)											
Bal.											
(d)											
Bal.											
(e)											
Bal.											
(f)											
Bal.											
(g)											
Bal.											

Name _____

Problem 2A4 or 2B4

Problem 2A5 or 2B5

Mastery Problem

1.

	ASSETS Items Owned					=	LIABILITIES + Amts. Owed		OWNER'S EQUITY				
									Owner's Investment		Earnings		
	Cash +	Accts. Rec. +	Sup- plies +	Prepaid Ins. +	Tools +	Van	=	Accts. Pay.	+	L. Vozniak Capital	− L. Vozniak Drawing	+ Revenue − Expenses	Description
(a)													
Bal.													
(b)													
Bal.													
(c)													
Bal.													
(d)													
Bal.													
(e)													
Bal.													
(f)													
Bal.													
(g)													
Bal.													
(h)													
Bal.													
(i)													
Bal.													

Continued on next page

Mastery Problem (Continued)

Bal.
(j)
Bal.
(k)
Bal.
(l)
Bal.
(m)
Bal.
(n)
Bal.
(o)
Bal.
(p)
Bal.

2.

Mastery Problem (Continued)

3.

4.

Mastery Problem (Concluded)

5.

Name _____   CHAPTER 3   13

Exercise 3A1 or 3B1

a. _____
b. _____
c. _____
d. _____
e. _____
f. _____
g. _____
h. _____
i. _____

Exercise 3A2 or 3B2

1. and 2.

Cash	Supplies

, Capital	Utilities Expense

CHAPTER 3

Exercise 3A3 or 3B3

Debit or Credit
1. DEBIT
2. DEBIT
3. CREDIT
4. DEBIT
5. DEBIT
6. CREDIT
7. DEBIT

Exercise 3A4 or 3B4

(a)
CASH | SHERYL HANSEN, CAPITAL
 | ACCOUNTS RECEIVABLE
 | 4,000
4,000 |

(b)
EQUIPMENT | CASH
500 | 500

(c)
EQUIPMENT | ACCOUNTS PAYABLE
800 | 800

(d)
ACCOUNTS PAYABLE | CASH
300 | 300

(e)
SHERYL HANSEN, DRAWING | CASH
700 | 700

Exercise 3A5 or 3B5

Cash
a) 4,000	b) 500
	d) 300
	e) 700
	1,500

BAL. 2,500

Name R. Bruce Ferguson

Exercise 3A6 or 3B6

Cash				Accounts Receivable			
a)	30,000	b)	300	g)	9,000	j)	6,000
e)	3,000	c)	5,000	BAL	3,000		
j)	6,000	f)	4,000				
	39,000	h)	1,500				
		i)	800	Office Supplies			
BAL	24,400	k)	3,000	b)	300		
			14,600				

Computer Equipment		Office Furniture	
(d) 8,000		(c) 5,000	

Accounts Payable				Professional Fees			
(f) 4,000		(d) 8,000				e)	3,000
		BAL 4,000				g)	9,000
						BAL	12,000

CHARLES CHADWICK, Capital		CHARLES CHADWICK, Drawing	
	a) 30,000	K) 3,000	

Rent Expense		Utility Expense	
h) 1,500		i) 800	

Exercise 3A7 or 3B7

Charles's Detective Service
Trial Balance
January 31, 19—

ACCOUNT	ACCT NO.	DEBIT BALANCE	CREDIT BALANCE
Cash		24,400.00	
Accounts Receivable		3,800.00	
Office Supplies		300.00	
Computer Equipment		8,000.00	
Office Furniture		5,000.00	
Accounts Payable			4,000.00
Charles Chadwick, Capital			30,000.00
Charles Chadwick, Drawing		3,000.00	
Professional Fees			12,000.00
Rent Expense		1,500.00	
Utility Expense		800.00	
		46,000.00	46,000.00

Name R. Bruce Ferguson   CHAPTER 3   17

Exercise 3A8 or 3B8

Mary's Delivery Service
Trial Balance
September 30, 19__

ACCOUNT	ACCT NO.	DEBIT BALANCE	CREDIT BALANCE
CASH		5000 00	
		3000 00	
		800 00	
		60 00	
		8000 00	
			2000 00
			10 000 00
		1000 00	
			9400 00
		2100 00	

Exercise 3A9 or 3B9

			9400 00
		2100 00	
		900 00	
			3000 00
			6400 00

CHAPTER 3

Exercise 3A10 or 3B10

		1000 00
	640 00	
	100 00	
		540 00
		1540 00

Exercise 3A11 or 3B11

MARY'S DELIVERY SERVICE
BALANCE SHEET

ASSETS		LIABILITIES	
	500 00		200 00
	300 00		
	80 00		
	60 00		1540 00
	800 00		
	1740 00		1740 00

Name _____   **CHAPTER 3** 19

Problem 3A1 or 3B1

1. and 2.

Problem 3A1 or 3B1 (Concluded)

3.

ACCOUNT	ACCT NO.	DEBIT BALANCE	CREDIT BALANCE

Problem 3A2 or 3B2

1.

(a) Total revenue for the month .... _____

(b) Total expense for the month .... _____

(c) Net income for the month... _____

2.

(a) Owner's original investment in the business .... _____

   Plus the net income for the month .... _____

   Minus owner's drawing .... _____

   Equals owner's equity at end of month .... _____

(b) End of month accounting equation:

Assets	=	Liabilities	+	Owner's Equity

Problem 3A3 or 3B3

1.

Problem 3A3 or 3B3 (Concluded)

2.

3.

Name _____ **CHAPTER 3**

Mastery Problem

1. and 2.: See pages 24–25.

3.

ACCOUNT	ACCT NO.	DEBIT BALANCE	CREDIT BALANCE

CHAPTER 3

Mastery Problem (Continued)

1. and 2.

Assets	=	Liabilities	+
Dr. | Cr.		Dr. | Cr.	
+ | −		− | +	

Name _____

Mastery Problem (Continued)

1. and 2.

```
                        Owner's Equity
              Dr.       |       Cr.
               −        |        +
                        |
                        |
                        |
```

```
      Drawing          |        Expenses          |        Revenue
   Dr.    |   Cr.      |     Dr.    |    Cr.      |     Dr.    |    Cr.
    +     |    −       |      +     |     −       |      −     |     +
          |            |            |             |            |
          |            |            |             |            |
          |            |            |             |            |
```

CHAPTER 3

Mastery Problem (Continued)

4.

Mastery Problem (Concluded)

5.

6.

Name _____

Exercise 4A1

1. _____ Check stubs or check register
2. _____ Purchase invoice from suppliers (vendors)
3. _____ Sales tickets or invoices to customers
4. _____ Receipts of cash register tapes

Exercise 4B1

_____
_____
_____
_____
_____
_____
_____
_____
_____
_____

Exercise 4A2 or 4B2

	Debit	Credit
1.	_____	_____
2.	_____	_____
3.	_____	_____
4.	_____	_____
5.	_____	_____
6.	_____	_____

Exercise 4A3 or 4B3

CHAPTER 4

Exercise 4A3 or 4B3 (Continued)

Exercise 4A4 or 4B4

	DATE	DESCRIPTION	POST. REF.	DEBIT	CREDIT	
1						1
2						2
3						3
4						4
5						5
6						6
7						7
8						8
9						9
10						10
11						11
12						12
13						13
14						14
15						15
16						16
17						17
18						18
19						19
20						20
21						21
22						22
23						23

JOURNAL PAGE 1

Name _____   CHAPTER 4   31

Exercise 4A4 or 4B4 (Continued)

JOURNAL   PAGE 2

	DATE	DESCRIPTION	POST. REF.	DEBIT	CREDIT	
1						1
2						2
3						3
4						4
5						5
6						6
7						7
8						8
9						9
10						10
11						11
12						12
13						13
14						14
15						15
16						16
17						17
18						18
19						19
20						20
21						21
22						22
23						23
24						24
25						25
26						26
27						27
28						28
29						29
30						30
31						31
32						32
33						33

CHAPTER 4

Exercise 4A4 or 4B4 (Concluded)

JOURNAL PAGE 3

	DATE	DESCRIPTION	POST. REF.	DEBIT	CREDIT	
1						1
2						2
3						3
4						4
5						5
6						6
7						7
8						8
9						9
10						10
11						11
12						12
13						13

Exercise 4A5 or 4B5

GENERAL LEDGER

ACCOUNT _____ ACCOUNT NO. _____

DATE	ITEM	POST. REF.	DEBIT	CREDIT	BALANCE DEBIT	BALANCE CREDIT

Name _____ CHAPTER 4 33

Exercise 4A5 or 4B5 (Continued)

ACCOUNT _____ ACCOUNT NO. _____

DATE	ITEM	POST. REF.	DEBIT	CREDIT	BALANCE DEBIT	BALANCE CREDIT

ACCOUNT _____ ACCOUNT NO. _____

DATE	ITEM	POST. REF.	DEBIT	CREDIT	BALANCE DEBIT	BALANCE CREDIT

ACCOUNT _____ ACCOUNT NO. _____

DATE	ITEM	POST. REF.	DEBIT	CREDIT	BALANCE DEBIT	BALANCE CREDIT

ACCOUNT _____ ACCOUNT NO. _____

DATE	ITEM	POST. REF.	DEBIT	CREDIT	BALANCE DEBIT	BALANCE CREDIT

ACCOUNT _____ ACCOUNT NO. _____

DATE	ITEM	POST. REF.	DEBIT	CREDIT	BALANCE DEBIT	BALANCE CREDIT

Exercise 4A5 or 4B5 (Continued)

ACCOUNT _____ ACCOUNT NO. _____

DATE	ITEM	POST. REF.	DEBIT	CREDIT	BALANCE	
					DEBIT	CREDIT

ACCOUNT _____ ACCOUNT NO. _____

DATE	ITEM	POST. REF.	DEBIT	CREDIT	BALANCE	
					DEBIT	CREDIT

ACCOUNT _____ ACCOUNT NO. _____

DATE	ITEM	POST. REF.	DEBIT	CREDIT	BALANCE	
					DEBIT	CREDIT

ACCOUNT _____ ACCOUNT NO. _____

DATE	ITEM	POST. REF.	DEBIT	CREDIT	BALANCE	
					DEBIT	CREDIT

Name _____   **CHAPTER 4** 35

Exercise 4A5 or 4B5 (Concluded)

ACCOUNT _____ ACCOUNT NO. _____

DATE	ITEM	POST. REF.	DEBIT	CREDIT	BALANCE DEBIT	BALANCE CREDIT

ACCOUNT _____ ACCOUNT NO. _____

DATE	ITEM	POST. REF.	DEBIT	CREDIT	BALANCE DEBIT	BALANCE CREDIT

ACCOUNT	ACCT NO.	DEBIT BALANCE	CREDIT BALANCE

Exercise 4A6 or 4B6 (Continued)

Name _____

CHAPTER 4

Exercise 4A6 or 4B6 (Concluded)

Exercise 4A7 or 4B7

Exercise 4A7 or 4B7 (Concluded)

Name _____ CHAPTER 4   39

Exercise 4A8

JOURNAL   PAGE

	DATE		DESCRIPTION	POST. REF.	DEBIT	CREDIT	
1	19-- May	17	Office Equipment		400 00		1
2			Cash			400 00	2
3			*Bought copy paper.*				3
4							4
5							5
6							6
7							7

JOURNAL   PAGE

	DATE		DESCRIPTION	POST. REF.	DEBIT	CREDIT	
1	19-- May	5	Cash	111	1000 00		1
2			Service Fees	411		1000 00	2
3			*Received cash for services*				3
4			*previously earned.*				4
5							5

CHAPTER 4

Exercise 4B8

JOURNAL   PAGE

	DATE		DESCRIPTION	POST. REF.	DEBIT	CREDIT	
1	19-- Apr.	6	Office Supplies		530 00		1
2			Cash			530 00	2
3			*Purchased office equipment*				3
4			*on account.*				4
5							5
6							6
7							7

JOURNAL   PAGE

	DATE		DESCRIPTION	POST. REF.	DEBIT	CREDIT	
1	19-- Apr.	2	Cash	111	300 00		1
2			Service Fees	411		300 00	2
3			*Fees earned.*				3
4							4
21							21
22							22
23							23
24	Apr.	25					24
25							25
26							26
27							27
28							28
29							29
30							30
31							31
32							32
33							33
34							34

Name _____

CHAPTER 4 41

Problem 4A1 or 4B1

1.

JOURNAL

PAGE 7

	DATE	DESCRIPTION	POST. REF.	DEBIT	CREDIT	
1						1
2						2
3						3
4						4
5						5
6						6
7						7
8						8
9						9
10						10
11						11
12						12
13						13
14						14
15						15
16						16
17						17
18						18
19						19
20						20
21						21
22						22
23						23
24						24
25						25
26						26
27						27
28						28
29						29
30						30
31						31
32						32

CHAPTER 4

Problem 4A1 or 4B1 (Continued)

JOURNAL PAGE 8

	DATE	DESCRIPTION	POST. REF.	DEBIT	CREDIT	
1						1
2						2
3						3
4						4
5						5
6						6
7						7
8						8
9						9
10						10
11						11
12						12
13						13
14						14
15						15
16						16
17						17
18						18
19						19
20						20
21						21
22						22
23						23
24						24
25						25
26						26
27						27
28						28
29						29
30						30
31						31
32						32
33						33
34						34

Name _____ **CHAPTER 4**

Problem 4A1 or 4B1 (Continued)

JOURNAL   PAGE 9

	DATE	DESCRIPTION	POST. REF.	DEBIT	CREDIT	
1						1
2						2
3						3
4						4
5						5
6						6
7						7
8						8
9						9
10						10
11						11
12						12
13						13
14						14
15						15
16						16
17						17
18						18
19						19
20						20
21						21
22						22
23						23
24						24
25						25
26						26
27						27
28						28
29						29
30						30
31						31
32						32

Problem 4A1 or 4B1 (Continued)

2.

GENERAL LEDGER

ACCOUNT _____ ACCOUNT NO. _____

DATE	ITEM	POST. REF.	DEBIT	CREDIT	BALANCE DEBIT	BALANCE CREDIT

Name _____

Problem 4A1 or 4B1 (Continued)

ACCOUNT _____ ACCOUNT NO. _____

DATE	ITEM	POST. REF.	DEBIT	CREDIT	BALANCE	
					DEBIT	CREDIT

ACCOUNT _____ ACCOUNT NO. _____

DATE	ITEM	POST. REF.	DEBIT	CREDIT	BALANCE	
					DEBIT	CREDIT

ACCOUNT _____ ACCOUNT NO. _____

DATE	ITEM	POST. REF.	DEBIT	CREDIT	BALANCE	
					DEBIT	CREDIT

Problem 4A1 or 4B1 (Continued)

ACCOUNT _____ ACCOUNT NO. _____

DATE	ITEM	POST. REF.	DEBIT	CREDIT	BALANCE	
					DEBIT	CREDIT

ACCOUNT _____ ACCOUNT NO. _____

DATE	ITEM	POST. REF.	DEBIT	CREDIT	BALANCE	
					DEBIT	CREDIT

ACCOUNT _____ ACCOUNT NO. _____

DATE	ITEM	POST. REF.	DEBIT	CREDIT	BALANCE	
					DEBIT	CREDIT

ACCOUNT _____ ACCOUNT NO. _____

DATE	ITEM	POST. REF.	DEBIT	CREDIT	BALANCE	
					DEBIT	CREDIT

Name _____

Problem 4A1 or 4B1 (Continued)

ACCOUNT _____ ACCOUNT NO. _____

DATE	ITEM	POST. REF.	DEBIT	CREDIT	BALANCE	
					DEBIT	CREDIT

ACCOUNT _____ ACCOUNT NO. _____

DATE	ITEM	POST. REF.	DEBIT	CREDIT	BALANCE	
					DEBIT	CREDIT

ACCOUNT _____ ACCOUNT NO. _____

DATE	ITEM	POST. REF.	DEBIT	CREDIT	BALANCE	
					DEBIT	CREDIT

ACCOUNT _____ ACCOUNT NO. _____

DATE	ITEM	POST. REF.	DEBIT	CREDIT	BALANCE	
					DEBIT	CREDIT

Problem 4A1 or 4B1 (Continued)

ACCOUNT _____ ACCOUNT NO. _____

DATE	ITEM	POST. REF.	DEBIT	CREDIT	BALANCE	
					DEBIT	CREDIT

ACCOUNT _____ ACCOUNT NO. _____

DATE	ITEM	POST. REF.	DEBIT	CREDIT	BALANCE	
					DEBIT	CREDIT

ACCOUNT _____ ACCOUNT NO. _____

DATE	ITEM	POST. REF.	DEBIT	CREDIT	BALANCE	
					DEBIT	CREDIT

ACCOUNT _____ ACCOUNT NO. _____

DATE	ITEM	POST. REF.	DEBIT	CREDIT	BALANCE	
					DEBIT	CREDIT

ACCOUNT _____ ACCOUNT NO. _____

DATE	ITEM	POST. REF.	DEBIT	CREDIT	BALANCE	
					DEBIT	CREDIT

Problem 4A1 or 4B1 (Continued)

3.

ACCOUNT	ACCT NO.	DEBIT BALANCE	CREDIT BALANCE

Problem 4A1 or 4B1 (Continued)

4.

Problem 4A1 or 4B1 (Continued)

5.

CHAPTER 4

Problem 4A2 or 4B2

1.

	DATE	DESCRIPTION	POST. REF.	DEBIT	CREDIT	
1						1
2						2
3						3
4						4
5						5
6						6
7						7
8						8
9						9
10						10
11						11
12						12
13						13
14						14
15						15
16						16
17						17
18						18
19						19
20						20
21						21
22						22
23						23
24						24
25						25
26						26
27						27
28						28
29						29
30						30
31						31
32						32
33						33

JOURNAL PAGE 1

Name _____

CHAPTER 4   53

Problem 4A2 or 4B2 (Continued)

JOURNAL   PAGE 2

	DATE	DESCRIPTION	POST. REF.	DEBIT	CREDIT	
1						1
2						2
3						3
4						4
5						5
6						6
7						7
8						8
9						9
10						10
11						11
12						12
13						13
14						14
15						15
16						16
17						17
18						18
19						19
20						20
21						21
22						22
23						23
24						24
25						25
26						26
27						27
28						28
29						29
30						30
31						31
32						32
33						33
34						34

54 CHAPTER 4

Problem 4A2 or 4B2 (Continued)

JOURNAL PAGE 3

	DATE	DESCRIPTION	POST. REF.	DEBIT	CREDIT	
1						1
2						2
3						3
4						4
5						5
6						6
7						7
8						8
9						9
10						10
11						11
12						12
13						13
14						14
15						15
16						16
17						17
18						18
19						19
20						20
21						21
22						22
23						23
24						24
25						25
26						26
27						27
28						28
29						29
30						30
31						31
32						32
33						33
34						34

Name _____ CHAPTER 4   55

Problem 4A2 or 4B2 (Continued)

2.

GENERAL LEDGER

ACCOUNT _____   ACCOUNT NO. _____

DATE	ITEM	POST. REF.	DEBIT	CREDIT	BALANCE	
					DEBIT	CREDIT

ACCOUNT _____   ACCOUNT NO. _____

DATE	ITEM	POST. REF.	DEBIT	CREDIT	BALANCE	
					DEBIT	CREDIT

Problem 4A2 or 4B2 (Continued)

ACCOUNT					ACCOUNT NO.	
DATE	ITEM	POST. REF.	DEBIT	CREDIT	BALANCE DEBIT	CREDIT

ACCOUNT					ACCOUNT NO.	
DATE	ITEM	POST. REF.	DEBIT	CREDIT	BALANCE DEBIT	CREDIT

ACCOUNT					ACCOUNT NO.	
DATE	ITEM	POST. REF.	DEBIT	CREDIT	BALANCE DEBIT	CREDIT

ACCOUNT					ACCOUNT NO.	
DATE	ITEM	POST. REF.	DEBIT	CREDIT	BALANCE DEBIT	CREDIT

Name _____ **CHAPTER 4** 57

Problem 4A2 or 4B2 (Continued)

ACCOUNT _____ ACCOUNT NO. _____

DATE	ITEM	POST. REF.	DEBIT	CREDIT	BALANCE DEBIT	BALANCE CREDIT

ACCOUNT _____ ACCOUNT NO. _____

DATE	ITEM	POST. REF.	DEBIT	CREDIT	BALANCE DEBIT	BALANCE CREDIT

ACCOUNT _____ ACCOUNT NO. _____

DATE	ITEM	POST. REF.	DEBIT	CREDIT	BALANCE DEBIT	BALANCE CREDIT

ACCOUNT _____ ACCOUNT NO. _____

DATE	ITEM	POST. REF.	DEBIT	CREDIT	BALANCE DEBIT	BALANCE CREDIT

Problem 4A2 or 4B2 (Continued)

ACCOUNT _____ ACCOUNT NO. _____

DATE	ITEM	POST. REF.	DEBIT	CREDIT	BALANCE DEBIT	BALANCE CREDIT

ACCOUNT _____ ACCOUNT NO. _____

DATE	ITEM	POST. REF.	DEBIT	CREDIT	BALANCE DEBIT	BALANCE CREDIT

ACCOUNT _____ ACCOUNT NO. _____

DATE	ITEM	POST. REF.	DEBIT	CREDIT	BALANCE DEBIT	BALANCE CREDIT

ACCOUNT _____ ACCOUNT NO. _____

DATE	ITEM	POST. REF.	DEBIT	CREDIT	BALANCE DEBIT	BALANCE CREDIT

ACCOUNT _____ ACCOUNT NO. _____

DATE	ITEM	POST. REF.	DEBIT	CREDIT	BALANCE DEBIT	BALANCE CREDIT

Problem 4A2 or 4B2 (Continued)

3.

ACCOUNT	ACCT NO.	DEBIT BALANCE	CREDIT BALANCE

Problem 4A2 or 4B2 (Continued)

4.

Name _____

Problem 4A2 or 4B2 (Concluded)

Problem 4A3 or 4B3

Name _____

Problem 4A3 or 4B3 (Concluded)

CHAPTER 4

Mastery Problem

1.

	DATE	DESCRIPTION	POST. REF.	DEBIT	CREDIT	
1						1
2						2
3						3
4						4
5						5
6						6
7						7
8						8
9						9
10						10
11						11
12						12
13						13
14						14
15						15
16						16
17						17
18						18
19						19
20						20
21						21
22						22
23						23
24						24
25						25
26						26
27						27
28						28
29						29
30						30
31						31
32						32

JOURNAL PAGE 1

Name _____

CHAPTER 4 65

Mastery Problem (Continued)

JOURNAL

PAGE 2

	DATE	DESCRIPTION	POST. REF.	DEBIT	CREDIT	
1						1
2						2
3						3
4						4
5						5
6						6
7						7
8						8
9						9
10						10
11						11
12						12
13						13
14						14
15						15
16						16
17						17
18						18
19						19
20						20
21						21
22						22
23						23
24						24
25						25
26						26
27						27
28						28
29						29
30						30
31						31
32						32
33						33
34						34

Mastery Problem (Continued)

JOURNAL — PAGE 3

	DATE	DESCRIPTION	POST. REF.	DEBIT	CREDIT	

Name _____ CHAPTER 4 67

Mastery Problem (Continued)

2.

GENERAL LEDGER

ACCOUNT _____ ACCOUNT NO. _____

DATE	ITEM	POST. REF.	DEBIT	CREDIT	BALANCE DEBIT	BALANCE CREDIT

ACCOUNT _____ ACCOUNT NO. _____

DATE	ITEM	POST. REF.	DEBIT	CREDIT	BALANCE DEBIT	BALANCE CREDIT

Mastery Problem (Continued)

ACCOUNT ACCOUNT NO.

DATE	ITEM	POST. REF.	DEBIT	CREDIT	BALANCE	
					DEBIT	CREDIT

ACCOUNT ACCOUNT NO.

DATE	ITEM	POST. REF.	DEBIT	CREDIT	BALANCE	
					DEBIT	CREDIT

ACCOUNT ACCOUNT NO.

DATE	ITEM	POST. REF.	DEBIT	CREDIT	BALANCE	
					DEBIT	CREDIT

ACCOUNT ACCOUNT NO.

DATE	ITEM	POST. REF.	DEBIT	CREDIT	BALANCE	
					DEBIT	CREDIT

Mastery Problem (Continued)

ACCOUNT _____ ACCOUNT NO. _____

DATE	ITEM	POST. REF.	DEBIT	CREDIT	BALANCE DEBIT	BALANCE CREDIT

ACCOUNT _____ ACCOUNT NO. _____

DATE	ITEM	POST. REF.	DEBIT	CREDIT	BALANCE DEBIT	BALANCE CREDIT

ACCOUNT _____ ACCOUNT NO. _____

DATE	ITEM	POST. REF.	DEBIT	CREDIT	BALANCE DEBIT	BALANCE CREDIT

ACCOUNT _____ ACCOUNT NO. _____

DATE	ITEM	POST. REF.	DEBIT	CREDIT	BALANCE DEBIT	BALANCE CREDIT

CHAPTER 4

Mastery Problem (Concluded)

ACCOUNT					ACCOUNT NO.	
DATE	ITEM	POST. REF.	DEBIT	CREDIT	BALANCE DEBIT	BALANCE CREDIT

ACCOUNT					ACCOUNT NO.	
DATE	ITEM	POST. REF.	DEBIT	CREDIT	BALANCE DEBIT	BALANCE CREDIT

3.

ACCOUNT	ACCT NO.	DEBIT BALANCE	CREDIT BALANCE

Name _____ **CHAPTER 5** 71

Exercise 5A1 or 5B1

```
        (Balance Sheet)                                  (Income Statement)
           Supplies                                        Supplies Expense
_____                       _____
            |                                                 |
            |                                                 |
            |                                                 |
            |                                                 |
```

JOURNAL   PAGE

	DATE	DESCRIPTION	POST. REF.	DEBIT	CREDIT	
1						1
2						2
3						3
4						4
5						5
6						6

Exercise 5A2 or 5B2

```
        (Balance Sheet)                                  (Income Statement)
        Prepaid Insurance                                 Insurance Expense
_____                       _____
            |                                                 |
            |                                                 |
            |                                                 |
            |                                                 |
```

JOURNAL   PAGE

	DATE	DESCRIPTION	POST. REF.	DEBIT	CREDIT	
1						1
2						2
3						3
4						4
5						5
6						6

CHAPTER 5

Exercise 5A3 or 5B3

(Income Statement) Wage Expense	(Balance Sheet) Wages Payable

JOURNAL PAGE

	DATE	DESCRIPTION	POST. REF.	DEBIT	CREDIT	
1						1
2						2
3						3
4						4

Exercise 5A4 or 5B4

_____ × _____ = _____

(Income Statement) Depr. Expense—Delivery Equip.	(Balance Sheet) Accum. Depr.—Delivery Equip.

JOURNAL PAGE

	DATE	DESCRIPTION	POST. REF.	DEBIT	CREDIT	
1						1
2						2
3						3
4						4

Exercise 5A5 or 5B5

_____

_____

Name _____ CHAPTER 5 73

Exercise 5A6 or 5B6

1.

| (Balance Sheet) | (Income Statement) |
| Supplies | Supplies Expense |

2.

| (Balance Sheet) | (Income Statement) |
| Supplies | Supplies Expense |

Exercise 5A7 or 5B7

1.

| (Balance Sheet) | (Income Statement) |
| Prepaid Insurance | Insurance Expense |

2.

| (Balance Sheet) | (Income Statement) |
| Prepaid Insurance | Insurance Expense |

Exercise 5A8 or 5B8

	ACCOUNT TITLE	ACCT. NO.	TRIAL BALANCE		ADJUSTMENTS		ADJ. TRIAL BALANCE	
			DEBIT	CREDIT	DEBIT	CREDIT	DEBIT	CREDIT
1	Cash							
2	Supplies							
3	Prepaid Insurance							
4	Equipment							
5	Accum. Dep.—Equip.							
6	, Capital							
7	Sales Revenue							
8	Wage Expense							
9	Advertising Expense							
10								
11	Supplies Expense							
12	Insurance Expense							
13	Dep. Exp.—Equip.							
14	Wages Payable							
15								
16								
17								
18								
19								

Name _____ **CHAPTER 5** 75

Exercise 5A9 or 5B9

JOURNAL   PAGE _____

	DATE	DESCRIPTION	POST. REF.	DEBIT	CREDIT	
1						1
2						2
3						3
4						4
5						5
6						6
7						7
8						8
9						9
10						10
11						11
12						12
13						13
14						14

Exercise 5A10 or 5B10

JOURNAL   PAGE _____

	DATE	DESCRIPTION	POST. REF.	DEBIT	CREDIT	
1						1
2						2
3						3
4						4
5						5
6						6
7						7
8						8
9						9
10						10
11						11
12						12
13						13
14						14

Exercise 5A10 or 5B10 (Concluded)

GENERAL LEDGER

ACCOUNT _____ ACCOUNT NO. _____

DATE	ITEM	POST. REF.	DEBIT	CREDIT	BALANCE DEBIT	BALANCE CREDIT

ACCOUNT _____ ACCOUNT NO. _____

DATE	ITEM	POST. REF.	DEBIT	CREDIT	BALANCE DEBIT	BALANCE CREDIT

ACCOUNT _____ ACCOUNT NO. _____

DATE	ITEM	POST. REF.	DEBIT	CREDIT	BALANCE DEBIT	BALANCE CREDIT

ACCOUNT _____ ACCOUNT NO. _____

DATE	ITEM	POST. REF.	DEBIT	CREDIT	BALANCE DEBIT	BALANCE CREDIT

Name _____   CHAPTER 5   77

Exercise 5A11 or 5B11

Account Title	Income Statement Dr.	Cr.	Balance Sheet Dr.	Cr.
Cash	_____	_____	_____	_____
Accounts Receivable	_____	_____	_____	_____
Supplies	_____	_____	_____	_____
Prepaid Insurance	_____	_____	_____	_____
Delivery Equip. (5A11) or Automobile (5B11)	_____	_____	_____	_____
Accounts Payable	_____	_____	_____	_____
Owner's Capital	_____	_____	_____	_____
Owner's Drawing	_____	_____	_____	_____
Delivery Fees (5A11) or Service Income (5B11)	_____	_____	_____	_____
Rent Expense (5A11) or Utilities Expense (5B11)	_____	_____	_____	_____
Wage Expense	_____	_____	_____	_____
Supplies Expense	_____	_____	_____	_____
Insurance Expense	_____	_____	_____	_____
Wages Payable	_____	_____	_____	_____
Depr. Exp.—Del. Equip. (5A11) or Depr. Exp.—Auto (5B11)	_____	_____	_____	_____
Accum. Depr.—Del. Equip. (5A11) or Accum. Depr.—Auto (5B11)	_____	_____	_____	_____

Exercise 5A12 or 5B12

Account Title	Income Statement Dr.	Cr.	Balance Sheet Dr.	Cr.
Net Income	_____	_____	_____	_____
Net Loss	_____	_____	_____	_____

CHAPTER 5

Problem 5A1 or 5B1

	ACCOUNT TITLE	ACCT. NO.	TRIAL BALANCE		ADJUSTMENTS	
			DEBIT	CREDIT	DEBIT	CREDIT
1						
2						
3						
4						
5						
6						
7						
8						
9						
10						
11						
12						
13						
14						
15						
16						
17						
18						
19						
20						
21						
22						
23						
24						
25						
26						
27						
28						
29						
30						
31						
32						

Name _____ **CHAPTER 5** 79

Problem 5A1 or 5B1 (Concluded)

	ADJUSTED TRIAL BALANCE		INCOME STATEMENT		BALANCE SHEET	
	DEBIT	CREDIT	DEBIT	CREDIT	DEBIT	CREDIT
1						
2						
3						
4						
5						
6						
7						
8						
9						
10						
11						
12						
13						
14						
15						
16						
17						
18						
19						
20						
21						
22						
23						
24						
25						
26						
27						
28						
29						
30						
31						
32						

CHAPTER 5

Problem 5A2 or 5B2

	ACCOUNT TITLE	ACCT. NO.	TRIAL BALANCE		ADJUSTMENTS	
			DEBIT	CREDIT	DEBIT	CREDIT
1						
2						
3						
4						
5						
6						
7						
8						
9						
10						
11						
12						
13						
14						
15						
16						
17						
18						
19						
20						
21						
22						
23						
24						
25						
26						
27						
28						
29						
30						
31						
32						

Name _____ **CHAPTER 5** 81

Problem 5A2 or 5B2 (Concluded)

	ADJUSTED TRIAL BALANCE		INCOME STATEMENT		BALANCE SHEET		
	DEBIT	CREDIT	DEBIT	CREDIT	DEBIT	CREDIT	
1							1
2							2
3							3
4							4
5							5
6							6
7							7
8							8
9							9
10							10
11							11
12							12
13							13
14							14
15							15
16							16
17							17
18							18
19							19
20							20
21							21
22							22
23							23
24							24
25							25
26							26
27							27
28							28
29							29
30							30
31							31
32							32

CHAPTER 5

Problem 5A3 or 5B3: See pages 84–86

Problem 5A4 or 5B4

___

	ACCOUNT TITLE	ACCT. NO.	TRIAL BALANCE DEBIT	TRIAL BALANCE CREDIT	ADJUSTMENTS DEBIT	ADJUSTMENTS CREDIT	
1	Cash						1
2	Accounts Receivable						2
3	Supplies						3
4	Prepaid Insurance						4
5	Office Equipment						5
6	Accounts Payable						6
7	_____, Capital						7
8	_____, Drawing						8
9	Professional Fees						9
10	Rent Expense						10
11	Wage Expense						11
12	Telephone Expense						12
13	Utilities Expense						13
14	Advertising Expense						14
15	Miscellaneous Expense						15
16							16
17	Supplies Expense						17
18	Insurance Expense						18
19	Dep. Exp.—Office Equip.						19
20	Accum. Dep.—Office Equip.						20
21	Wages Payable						21
22							22
23	**Net Income**						23
24							24
25							25
26							26
27							27
28							28
29							29

Problem 5A4 or 5B4 (Concluded)

	ADJUSTED TRIAL BALANCE		INCOME STATEMENT		BALANCE SHEET		
	DEBIT	CREDIT	DEBIT	CREDIT	DEBIT	CREDIT	
1							1
2							2
3							3
4							4
5							5
6							6
7							7
8							8
9							9
10							10
11							11
12							12
13							13
14							14
15							15
16							16
17							17
18							18
19							19
20							20
21							21
22							22
23							23
24							24
25							25
26							26
27							27
28							28
29							29

CHAPTER 5

Problem 5A3 or 5B3

1.

JOURNAL PAGE

	DATE	DESCRIPTION	POST. REF.	DEBIT	CREDIT	
1						1
2						2
3						3
4						4
5						5
6						6
7						7
8						8
9						9
10						10
11						11
12						12
13						13
14						14
15						15
16						16
17						17
18						18
19						19
20						20
21						21
22						22
23						23
24						24
25						25
26						26
27						27
28						28
29						29
30						30
31						31
32						32

Name _____ CHAPTER 5

Problem 5A3 or 5B3 (Continued)

2.

GENERAL LEDGER

ACCOUNT _____ ACCOUNT NO. _____

DATE	ITEM	POST. REF.	DEBIT	CREDIT	BALANCE DEBIT	BALANCE CREDIT

ACCOUNT _____ ACCOUNT NO. _____

DATE	ITEM	POST. REF.	DEBIT	CREDIT	BALANCE DEBIT	BALANCE CREDIT

ACCOUNT _____ ACCOUNT NO. _____

DATE	ITEM	POST. REF.	DEBIT	CREDIT	BALANCE DEBIT	BALANCE CREDIT

ACCOUNT _____ ACCOUNT NO. _____

DATE	ITEM	POST. REF.	DEBIT	CREDIT	BALANCE DEBIT	BALANCE CREDIT

CHAPTER 5

Problem 5A3 or 5B3 (Concluded)

ACCOUNT _____   ACCOUNT NO. _____

DATE	ITEM	POST. REF.	DEBIT	CREDIT	BALANCE DEBIT	BALANCE CREDIT

ACCOUNT _____   ACCOUNT NO. _____

DATE	ITEM	POST. REF.	DEBIT	CREDIT	BALANCE DEBIT	BALANCE CREDIT

ACCOUNT _____   ACCOUNT NO. _____

DATE	ITEM	POST. REF.	DEBIT	CREDIT	BALANCE DEBIT	BALANCE CREDIT

ACCOUNT _____   ACCOUNT NO. _____

DATE	ITEM	POST. REF.	DEBIT	CREDIT	BALANCE DEBIT	BALANCE CREDIT

Name _____   CHAPTER 5   87

Mastery Problem

1. and 2.: See pages 88–89

3.

JOURNAL   PAGE

	DATE	DESCRIPTION	POST. REF.	DEBIT	CREDIT	
1						1
2						2
3						3
4						4
5						5
6						6
7						7
8						8
9						9
10						10
11						11
12						12
13						13
14						14
15						15
16						16
17						17
18						18
19						19
20						20
21						21
22						22
23						23
24						24
25						25
26						26
27						27
28						28
29						29
30						30
31						31

Mastery Problem (Continued)

1. and 2.

Kristi Williams
Work
For the Month Ended

	ACCOUNT TITLE	ACCT. NO.	TRIAL BALANCE DEBIT	TRIAL BALANCE CREDIT	ADJUSTMENTS DEBIT	ADJUSTMENTS CREDIT	
1	Cash		8 7 3 0 00				1
2	Office Supplies		7 0 0 00				2
3	Prepaid Insurance		6 0 0 00				3
4	Office Equipment		18 0 0 0 00				4
5	Computer Equipment		6 0 0 0 00				5
6	Notes Payable			8 0 0 0 00			6
7	Accounts Payable			5 0 0 00			7
8	Kristi Williams, Capital			11 4 0 0 00			8
9	Kristi Williams, Drawing		3 0 0 0 00				9
10	Client Fees			35 8 0 0 00			10
11	Rent Expense		6 0 0 0 00				11
12	Salary Expense		9 5 0 0 00				12
13	Utility Expense		2 1 7 0 00				13
14	Charitable Contr. Exp.		1 0 0 00				14
15			55 7 0 0 00	55 7 0 0 00			15
16	Office Supplies Expense						16
17	Depr. Exp.—Office Equip.						17
18	Accum. Depr.—Computer Equip.						18
19	Depr. Exp.—Computer Equip.						19
20	Accum. Depr.—Computer Equip.						20
21	Insurance Expense						21
22							22
23	**Net Income**						23
24							24
25							25
26							26
27							27
28							28
29							29
30							30
31							31

Mastery Problem (Concluded)

Family Counseling Services
Sheet
December 31, 19--

	Adjusted Trial Balance Debit	Adjusted Trial Balance Credit	Income Statement Debit	Income Statement Credit	Balance Sheet Debit	Balance Sheet Credit	
1							1
2							2
3							3
4							4
5							5
6							6
7							7
8							8
9							9
10							10
11							11
12							12
13							13
14							14
15							15
16							16
17							17
18							18
19							19
20							20
21							21
22							22
23							23
24							24
25							25
26							26
27							27
28							28
29							29
30							30
31							31

Name _____ **CHAPTER 6** 91

Exercise 6A1 or 6B1

Exercise 6A2 or 6B2

CHAPTER 6

Exercise 6A3 or 6B3

Exercise 6A4 or 6B4

JOURNAL PAGE

	DATE	DESCRIPTION	POST. REF.	DEBIT	CREDIT	
1						1
2						2
3						3
4						4
5						5
6						6
7						7
8						8
9						9
10						10
11						11
12						12
13						13
14						14
15						15
16						16
17						17
18						18
19						19
20						20
21						21
22						22

CHAPTER 6

Exercise 6A4 or 6B4 (Concluded)

Name _____

Exercise 6A5 or 6B5

JOURNAL PAGE ____

	DATE	DESCRIPTION	POST. REF.	DEBIT	CREDIT	
1						1
2						2
3						3
4						4
5						5
6						6
7						7
8						8
9						9
10						10
11						11
12						12
13						13
14						14
15						15
16						16
17						17
18						18
19						19
20						20
21						21
22						22
23						23
24						24
25						25
26						26
27						27
28						28
29						29
30						30
31						31
32						32
33						33

96 CHAPTER 6

Exercise 6A5 or 6B5 (Concluded)

Name _____

Problem 6A1 or 6B1

1.

2.

Problem 6A1 or 6B1 (Concluded)

3.

Name _____

CHAPTER 6 99

Problem 6A2 or 6B2

Problem 6A3 or 6B3

1.

JOURNAL

PAGE 10

	DATE	DESCRIPTION	POST. REF.	DEBIT	CREDIT	
1						1
2						2
3						3
4						4
5						5
6						6
7						7
8						8
9						9
10						10
11						11
12						12
13						13
14						14
15						15
16						16

CHAPTER 6

Problem 6A3 or 6B3 (Continued)

2.

JOURNAL PAGE 11

	DATE	DESCRIPTION	POST. REF.	DEBIT	CREDIT	
1						1
2						2
3						3
4						4
5						5
6						6
7						7
8						8
9						9
10						10
11						11
12						12
13						13
14						14
15						15
16						16
17						17
18						18
19						19
20						20
21						21

3.

GENERAL LEDGER

ACCOUNT _____ ACCOUNT NO. _____

DATE	ITEM	POST. REF.	DEBIT	CREDIT	BALANCE DEBIT	BALANCE CREDIT

Name _____ CHAPTER 6 101

Problem 6A3 or 6B3 (Continued)

ACCOUNT _____ ACCOUNT NO. _____

DATE	ITEM	POST. REF.	DEBIT	CREDIT	BALANCE DEBIT	BALANCE CREDIT

ACCOUNT _____ ACCOUNT NO. _____

DATE	ITEM	POST. REF.	DEBIT	CREDIT	BALANCE DEBIT	BALANCE CREDIT

ACCOUNT _____ ACCOUNT NO. _____

DATE	ITEM	POST. REF.	DEBIT	CREDIT	BALANCE DEBIT	BALANCE CREDIT

ACCOUNT _____ ACCOUNT NO. _____

DATE	ITEM	POST. REF.	DEBIT	CREDIT	BALANCE DEBIT	BALANCE CREDIT

ACCOUNT _____ ACCOUNT NO. _____

DATE	ITEM	POST. REF.	DEBIT	CREDIT	BALANCE DEBIT	BALANCE CREDIT

Problem 6A3 or 6B3 (Continued)

ACCOUNT _____ ACCOUNT NO. _____

DATE	ITEM	POST. REF.	DEBIT	CREDIT	BALANCE DEBIT	BALANCE CREDIT

ACCOUNT _____ ACCOUNT NO. _____

DATE	ITEM	POST. REF.	DEBIT	CREDIT	BALANCE DEBIT	BALANCE CREDIT

ACCOUNT _____ ACCOUNT NO. _____

DATE	ITEM	POST. REF.	DEBIT	CREDIT	BALANCE DEBIT	BALANCE CREDIT

ACCOUNT _____ ACCOUNT NO. _____

DATE	ITEM	POST. REF.	DEBIT	CREDIT	BALANCE DEBIT	BALANCE CREDIT

ACCOUNT _____ ACCOUNT NO. _____

DATE	ITEM	POST. REF.	DEBIT	CREDIT	BALANCE DEBIT	BALANCE CREDIT

Name _____ **CHAPTER 6** 103

Problem 6A3 or 6B3 (Continued)

ACCOUNT _____ ACCOUNT NO. _____

DATE	ITEM	POST. REF.	DEBIT	CREDIT	BALANCE DEBIT	BALANCE CREDIT

ACCOUNT _____ ACCOUNT NO. _____

DATE	ITEM	POST. REF.	DEBIT	CREDIT	BALANCE DEBIT	BALANCE CREDIT

ACCOUNT _____ ACCOUNT NO. _____

DATE	ITEM	POST. REF.	DEBIT	CREDIT	BALANCE DEBIT	BALANCE CREDIT

ACCOUNT _____ ACCOUNT NO. _____

DATE	ITEM	POST. REF.	DEBIT	CREDIT	BALANCE DEBIT	BALANCE CREDIT

ACCOUNT _____ ACCOUNT NO. _____

DATE	ITEM	POST. REF.	DEBIT	CREDIT	BALANCE DEBIT	BALANCE CREDIT

CHAPTER 6

Problem 6A3 or 6B3 (Continued)

ACCOUNT					ACCOUNT NO.	
DATE	ITEM	POST. REF.	DEBIT	CREDIT	BALANCE DEBIT	CREDIT

ACCOUNT					ACCOUNT NO.	
DATE	ITEM	POST. REF.	DEBIT	CREDIT	BALANCE DEBIT	CREDIT

ACCOUNT					ACCOUNT NO.	
DATE	ITEM	POST. REF.	DEBIT	CREDIT	BALANCE DEBIT	CREDIT

ACCOUNT					ACCOUNT NO.	
DATE	ITEM	POST. REF.	DEBIT	CREDIT	BALANCE DEBIT	CREDIT

ACCOUNT					ACCOUNT NO.	
DATE	ITEM	POST. REF.	DEBIT	CREDIT	BALANCE DEBIT	CREDIT

Problem 6A3 or 6B3 (Concluded)

ACCOUNT						ACCOUNT NO.	
DATE	ITEM	POST. REF.	DEBIT	CREDIT	BALANCE		
					DEBIT	CREDIT	

4.

_____

_____

ACCOUNT	ACCT NO.	DEBIT BALANCE	CREDIT BALANCE

CHAPTER 6

Mastery Problem

Name _____

Mastery Problem (Continued)

CHAPTER 6

Mastery Problem (Concluded)

JOURNAL

PAGE

	DATE	DESCRIPTION	POST. REF.	DEBIT	CREDIT	
1						1
2						2
3						3
4						4
5						5
6						6
7						7
8						8
9						9
10						10
11						11
12						12
13						13
14						14
15						15
16						16
17						17
18						18
19						19
20						20
21						21
22						22
23						23
24						24
25						25
26						26
27						27
28						28
29						29
30						30
31						31
32						32
33						33

Comprehensive Problem 1

1.

JOURNAL

PAGE 1

	DATE	DESCRIPTION	POST. REF.	DEBIT	CREDIT

Comprehensive Problem 1 (Continued)

JOURNAL PAGE 2

	DATE	DESCRIPTION	POST. REF.	DEBIT	CREDIT
1					
2					
3					
4					
5					
6					
7					
8					
9					
10					
11					
12					
13					
14					
15					
16					
17					
18					
19					
20					
21					
22					
23					
24					
25					
26					
27					
28					
29					
30					
31					
32					
33					

Comprehensive Problem 1 (Continued)

JOURNAL — PAGE 3

	DATE	DESCRIPTION	POST. REF.	DEBIT	CREDIT

Comprehensive Problem 1 (Continued)

JOURNAL PAGE 4

	DATE	DESCRIPTION	POST. REF.	DEBIT	CREDIT	
1						1
2						2
3						3
4						4
5						5
6						6
7						7
8						8
9						9
10						10
11						11
12						12
13						13
14						14
15						15
16						16
17						17
18						18
19						19
20						20
21						21
22						22
23						23
24						24
25						25
26						26
27						27
28						28
29						29
30						30
31						31
32						32
33						33

Name _____

Comprehensive Problem 1 (Continued)

2., 9., and 11.

GENERAL LEDGER

ACCOUNT _____   ACCOUNT NO. _____

DATE	ITEM	POST. REF.	DEBIT	CREDIT	BALANCE	
					DEBIT	CREDIT

ACCOUNT _____   ACCOUNT NO. _____

DATE	ITEM	POST. REF.	DEBIT	CREDIT	BALANCE	
					DEBIT	CREDIT

CHAPTER 6

Comprehensive Problem 1 (Continued)

ACCOUNT _____ ACCOUNT NO. _____

DATE	ITEM	POST. REF.	DEBIT	CREDIT	BALANCE DEBIT	BALANCE CREDIT

ACCOUNT _____ ACCOUNT NO. _____

DATE	ITEM	POST. REF.	DEBIT	CREDIT	BALANCE DEBIT	BALANCE CREDIT

ACCOUNT _____ ACCOUNT NO. _____

DATE	ITEM	POST. REF.	DEBIT	CREDIT	BALANCE DEBIT	BALANCE CREDIT

Comprehensive Problem 1 (Continued)

ACCOUNT _____ ACCOUNT NO. _____

DATE	ITEM	POST. REF.	DEBIT	CREDIT	BALANCE DEBIT	BALANCE CREDIT

ACCOUNT _____ ACCOUNT NO. _____

DATE	ITEM	POST. REF.	DEBIT	CREDIT	BALANCE DEBIT	BALANCE CREDIT

ACCOUNT _____ ACCOUNT NO. _____

DATE	ITEM	POST. REF.	DEBIT	CREDIT	BALANCE DEBIT	BALANCE CREDIT

ACCOUNT _____ ACCOUNT NO. _____

DATE	ITEM	POST. REF.	DEBIT	CREDIT	BALANCE DEBIT	BALANCE CREDIT

Comprehensive Problem 1 (Continued)

ACCOUNT _____ ACCOUNT NO. _____

DATE	ITEM	POST. REF.	DEBIT	CREDIT	BALANCE DEBIT	BALANCE CREDIT

ACCOUNT _____ ACCOUNT NO. _____

DATE	ITEM	POST. REF.	DEBIT	CREDIT	BALANCE DEBIT	BALANCE CREDIT

ACCOUNT _____ ACCOUNT NO. _____

DATE	ITEM	POST. REF.	DEBIT	CREDIT	BALANCE DEBIT	BALANCE CREDIT

ACCOUNT _____ ACCOUNT NO. _____

DATE	ITEM	POST. REF.	DEBIT	CREDIT	BALANCE DEBIT	BALANCE CREDIT

Comprehensive Problem 1 (Continued)

ACCOUNT _____ ACCOUNT NO. _____

DATE	ITEM	POST. REF.	DEBIT	CREDIT	BALANCE DEBIT	BALANCE CREDIT

ACCOUNT _____ ACCOUNT NO. _____

DATE	ITEM	POST. REF.	DEBIT	CREDIT	BALANCE DEBIT	BALANCE CREDIT

ACCOUNT _____ ACCOUNT NO. _____

DATE	ITEM	POST. REF.	DEBIT	CREDIT	BALANCE DEBIT	BALANCE CREDIT

ACCOUNT _____ ACCOUNT NO. _____

DATE	ITEM	POST. REF.	DEBIT	CREDIT	BALANCE DEBIT	BALANCE CREDIT

CHAPTER 6

Comprehensive Problem 1 (Continued)

ACCOUNT _____ ACCOUNT NO. _____

DATE	ITEM	POST. REF.	DEBIT	CREDIT	BALANCE DEBIT	BALANCE CREDIT

ACCOUNT _____ ACCOUNT NO. _____

DATE	ITEM	POST. REF.	DEBIT	CREDIT	BALANCE DEBIT	BALANCE CREDIT

ACCOUNT _____ ACCOUNT NO. _____

DATE	ITEM	POST. REF.	DEBIT	CREDIT	BALANCE DEBIT	BALANCE CREDIT

ACCOUNT _____ ACCOUNT NO. _____

DATE	ITEM	POST. REF.	DEBIT	CREDIT	BALANCE DEBIT	BALANCE CREDIT

Name _____ CHAPTER 6

Comprehensive Problem 1 (Continued)

3. and 4.: See pages 120–121.

5.

6.

CHAPTER 6

Comprehensive Problem 1 (Continued)

3. and 4.

	ACCOUNT TITLE	ACCT. NO.	TRIAL BALANCE		ADJUSTMENTS	
			DEBIT	CREDIT	DEBIT	CREDIT
1						
2						
3						
4						
5						
6						
7						
8						
9						
10						
11						
12						
13						
14						
15						
16						
17						
18						
19						
20						
21						
22						
23						
24						
25						
26						
27						
28						
29						
30						
31						

Name _____

CHAPTER 6   121

Comprehensive Problem 1 (Continued)

	ADJUSTED TRIAL BALANCE		INCOME STATEMENT		BALANCE SHEET	
	DEBIT	CREDIT	DEBIT	CREDIT	DEBIT	CREDIT

Comprehensive Problem 1 (Continued)

7.

Name _____   **CHAPTER 6**   123

Comprehensive Problem 1 (Continued)

8.

JOURNAL   PAGE 5

	DATE	DESCRIPTION	POST. REF.	DEBIT	CREDIT	
1						1
2						2
3						3
4						4
5						5
6						6
7						7
8						8
9						9
10						10
11						11
12						12
13						13
14						14
15						15
16						16
17						17
18						18
19						19
20						20
21						21
22						22
23						23
24						24
25						25
26						26
27						27
28						28
29						29
30						30
31						31
32						32

CHAPTER 6

Comprehensive Problem 1 (Continued)

10.

JOURNAL   PAGE 6

DATE	DESCRIPTION	POST. REF.	DEBIT	CREDIT

Comprehensive Problem 1 (Concluded)

12.

ACCOUNT	ACCT NO.	DEBIT BALANCE	CREDIT BALANCE

Name _____ **CHAPTER 7** 127

Exercise 7A1 or 7B1

Cash Basis	Modified Cash Basis	Accrual Basis

Exercise 7A2 or 7B2

COMBINATION JOURNAL PAGE 1

DATE	CASH DEBIT	CASH CREDIT	DESCRIPTION	POST. REF.	GENERAL DEBIT	GENERAL CREDIT	FEES CREDIT	SALARY EXPENSE DEBIT
1								
2								
3								
4								
5								
6								
7								
8								
9								
10								
11								
12								
13								
14								
15								
16								
17								
18								
19								
20								
21								
22								
23								
24								
25								
26								
27								
28								

Name _____

CHAPTER 7 129

Exercise 7A3 or 7B3

COMBINATION JOURNAL   PAGE 1

DATE	DESCRIPTION	POST. REF.	GENERAL DEBIT	GENERAL CREDIT	FEES CREDIT	SALARY EXPENSE DEBIT	CASH DEBIT	CASH CREDIT

Proving the Combination Journal:

Problem 7A1 or 7B1

1. and 2.

COMBINATION JOURNAL PAGE 1

DATE		CASH		DESCRIPTION	POST. REF.	GENERAL		FEES CREDIT	SALARY EXPENSE DEBIT	
		DEBIT	CREDIT			DEBIT	CREDIT			

Name _____ CHAPTER 7   131

Problem 7A1 or 7B1 (Continued)

2.

GENERAL LEDGER

ACCOUNT _____ ACCOUNT NO. _____

DATE	ITEM	POST. REF.	DEBIT	CREDIT	BALANCE DEBIT	BALANCE CREDIT

ACCOUNT _____ ACCOUNT NO. _____

DATE	ITEM	POST. REF.	DEBIT	CREDIT	BALANCE DEBIT	BALANCE CREDIT

ACCOUNT _____ ACCOUNT NO. _____

DATE	ITEM	POST. REF.	DEBIT	CREDIT	BALANCE DEBIT	BALANCE CREDIT

ACCOUNT _____ ACCOUNT NO. _____

DATE	ITEM	POST. REF.	DEBIT	CREDIT	BALANCE DEBIT	BALANCE CREDIT

Problem 7A1 or 7B1 (Continued)

ACCOUNT _____ ACCOUNT NO. _____

DATE	ITEM	POST. REF.	DEBIT	CREDIT	BALANCE DEBIT	BALANCE CREDIT

ACCOUNT _____ ACCOUNT NO. _____

DATE	ITEM	POST. REF.	DEBIT	CREDIT	BALANCE DEBIT	BALANCE CREDIT

ACCOUNT _____ ACCOUNT NO. _____

DATE	ITEM	POST. REF.	DEBIT	CREDIT	BALANCE DEBIT	BALANCE CREDIT

ACCOUNT _____ ACCOUNT NO. _____

DATE	ITEM	POST. REF.	DEBIT	CREDIT	BALANCE DEBIT	BALANCE CREDIT

ACCOUNT _____ ACCOUNT NO. _____

DATE	ITEM	POST. REF.	DEBIT	CREDIT	BALANCE DEBIT	BALANCE CREDIT

Problem 7A1 or 7B1 (Continued)

ACCOUNT _____ ACCOUNT NO. _____

DATE	ITEM	POST. REF.	DEBIT	CREDIT	BALANCE	
					DEBIT	CREDIT

ACCOUNT _____ ACCOUNT NO. _____

DATE	ITEM	POST. REF.	DEBIT	CREDIT	BALANCE	
					DEBIT	CREDIT

ACCOUNT _____ ACCOUNT NO. _____

DATE	ITEM	POST. REF.	DEBIT	CREDIT	BALANCE	
					DEBIT	CREDIT

ACCOUNT _____ ACCOUNT NO. _____

DATE	ITEM	POST. REF.	DEBIT	CREDIT	BALANCE	
					DEBIT	CREDIT

ACCOUNT _____ ACCOUNT NO. _____

DATE	ITEM	POST. REF.	DEBIT	CREDIT	BALANCE	
					DEBIT	CREDIT

134 CHAPTER 7

Problem 7A1 or 7B1 (Continued)

3. Cash Balance:

4. Proving the Combination Journal:

5.

ACCOUNT	ACCT NO.	DEBIT BALANCE	CREDIT BALANCE

Name _____

CHAPTER 7

Problem 7A1 or 7B1 (Continued)

Problem 7A1 or 7B1 (Concluded)

Problem 7A2 or 7B2

1. and 2.

COMBINATION JOURNAL   PAGE 5

DATE	CASH DEBIT	CASH CREDIT	DESCRIPTION	POST. REF.	GENERAL DEBIT	GENERAL CREDIT	FEES CREDIT	SALARY EXPENSE DEBIT

Problem 7A2 or 7B2 (Continued)

2.

GENERAL LEDGER

ACCOUNT _____ ACCOUNT NO. _____

DATE	ITEM	POST. REF.	DEBIT	CREDIT	BALANCE DEBIT	BALANCE CREDIT

ACCOUNT _____ ACCOUNT NO. _____

DATE	ITEM	POST. REF.	DEBIT	CREDIT	BALANCE DEBIT	BALANCE CREDIT

ACCOUNT _____ ACCOUNT NO. _____

DATE	ITEM	POST. REF.	DEBIT	CREDIT	BALANCE DEBIT	BALANCE CREDIT

ACCOUNT _____ ACCOUNT NO. _____

DATE	ITEM	POST. REF.	DEBIT	CREDIT	BALANCE DEBIT	BALANCE CREDIT

Name _____ CHAPTER 7 139

Problem 7A2 or 7B2 (Continued)

ACCOUNT _____ ACCOUNT NO. _____

DATE	ITEM	POST. REF.	DEBIT	CREDIT	BALANCE	
					DEBIT	CREDIT

ACCOUNT _____ ACCOUNT NO. _____

DATE	ITEM	POST. REF.	DEBIT	CREDIT	BALANCE	
					DEBIT	CREDIT

ACCOUNT _____ ACCOUNT NO. _____

DATE	ITEM	POST. REF.	DEBIT	CREDIT	BALANCE	
					DEBIT	CREDIT

ACCOUNT _____ ACCOUNT NO. _____

DATE	ITEM	POST. REF.	DEBIT	CREDIT	BALANCE	
					DEBIT	CREDIT

Problem 7A2 or 7B2 (Continued)

ACCOUNT _____ ACCOUNT NO. _____

DATE	ITEM	POST. REF.	DEBIT	CREDIT	BALANCE DEBIT	BALANCE CREDIT

ACCOUNT _____ ACCOUNT NO. _____

DATE	ITEM	POST. REF.	DEBIT	CREDIT	BALANCE DEBIT	BALANCE CREDIT

ACCOUNT _____ ACCOUNT NO. _____

DATE	ITEM	POST. REF.	DEBIT	CREDIT	BALANCE DEBIT	BALANCE CREDIT

ACCOUNT _____ ACCOUNT NO. _____

DATE	ITEM	POST. REF.	DEBIT	CREDIT	BALANCE DEBIT	BALANCE CREDIT

Problem 7A2 or 7B2 (Continued)

ACCOUNT _____ ACCOUNT NO. _____

DATE	ITEM	POST. REF.	DEBIT	CREDIT	BALANCE DEBIT	BALANCE CREDIT

ACCOUNT _____ ACCOUNT NO. _____

DATE	ITEM	POST. REF.	DEBIT	CREDIT	BALANCE DEBIT	BALANCE CREDIT

ACCOUNT _Supplies Expense_ ACCOUNT NO. _541_

DATE	ITEM	POST. REF.	DEBIT	CREDIT	BALANCE DEBIT	BALANCE CREDIT

ACCOUNT _Office Supplies Expense_ ACCOUNT NO. _542_

DATE	ITEM	POST. REF.	DEBIT	CREDIT	BALANCE DEBIT	BALANCE CREDIT

CHAPTER 7

Problem 7A2 or 7B2 (Continued)

ACCOUNT *Insurance Expense*   ACCOUNT NO. 543

DATE	ITEM	POST. REF.	DEBIT	CREDIT	BALANCE DEBIT	BALANCE CREDIT

ACCOUNT *Depreciation Expense*   ACCOUNT NO. 544

DATE	ITEM	POST. REF.	DEBIT	CREDIT	BALANCE DEBIT	BALANCE CREDIT

ACCOUNT   ACCOUNT NO.

DATE	ITEM	POST. REF.	DEBIT	CREDIT	BALANCE DEBIT	BALANCE CREDIT

ACCOUNT   ACCOUNT NO.

DATE	ITEM	POST. REF.	DEBIT	CREDIT	BALANCE DEBIT	BALANCE CREDIT

Name _____   CHAPTER 7   143

Problem 7A2 or 7B2 (Continued)

ACCOUNT _____   ACCOUNT NO. _____

DATE	ITEM	POST. REF.	DEBIT	CREDIT	BALANCE	
					DEBIT	CREDIT

3. Cash Balance:

_____
_____
_____
_____
_____
_____
_____

4. Proving the Combination Journal:

_____
_____
_____
_____
_____
_____
_____

Problem 7A2 or 7B2 (Continued)

5.

ACCOUNT TITLE	ACCT. NO.	TRIAL BALANCE		ADJUSTMENTS	
		DEBIT	CREDIT	DEBIT	CREDIT

Name _____ **CHAPTER 7**

Problem 7A2 or 7B2 (Continued)

	ADJUSTED TRIAL BALANCE		INCOME STATEMENT		BALANCE SHEET	
	DEBIT	CREDIT	DEBIT	CREDIT	DEBIT	CREDIT
1						
2						
3						
4						
5						
6						
7						
8						
9						
10						
11						
12						
13						
14						
15						
16						
17						
18						
19						
20						
21						
22						
23						
24						
25						
26						
27						
28						
29						
30						

Problem 7A2 or 7B2 (Continued)

COMBINATION JOURNAL PAGE 6

DATE	CASH DEBIT	CASH CREDIT	DESCRIPTION	POST. REF.	GENERAL DEBIT	GENERAL CREDIT	FEES CREDIT	SALARY EXPENSE DEBIT

Name _____

CHAPTER 7 147

Problem 7A2 or 7B2 (Continued)

6.

Problem 7A2 or 7B2 (Concluded)

Name _____

CHAPTER 7 149

Mastery Problem

1.

COMBINATION JOURNAL   PAGE 1

DATE	DESCRIPTION	POST. REF.	CASH DEBIT	CASH CREDIT	GENERAL DEBIT	GENERAL CREDIT	REGISTRATION FEES CREDIT	WAGE EXPENSE DEBIT	FOOD SUPPLIES DEBIT

CHAPTER 7

Mastery Problem (Continued)

2. Proving the Combination Journal:

_____
_____
_____
_____
_____
_____

3.

GENERAL LEDGER

ACCOUNT *Cash* ACCOUNT NO. 111

DATE	ITEM	POST. REF.	DEBIT	CREDIT	BALANCE DEBIT	BALANCE CREDIT

ACCOUNT *Office Supplies* ACCOUNT NO. 152

DATE	ITEM	POST. REF.	DEBIT	CREDIT	BALANCE DEBIT	BALANCE CREDIT

ACCOUNT *Food Supplies* ACCOUNT NO. 154

DATE	ITEM	POST. REF.	DEBIT	CREDIT	BALANCE DEBIT	BALANCE CREDIT

Name _____ CHAPTER 7 151

Mastery Problem (Continued)

ACCOUNT *Tennis Facilities* ACCOUNT NO. *183*

DATE	ITEM	POST. REF.	DEBIT	CREDIT	BALANCE	
					DEBIT	CREDIT

ACCOUNT *Accounts Payable* ACCOUNT NO. *218*

DATE	ITEM	POST. REF.	DEBIT	CREDIT	BALANCE	
					DEBIT	CREDIT

ACCOUNT *James Goodbody, Capital* ACCOUNT NO. *311*

DATE	ITEM	POST. REF.	DEBIT	CREDIT	BALANCE	
					DEBIT	CREDIT

ACCOUNT *James Goodbody, Drawing* ACCOUNT NO. *312*

DATE	ITEM	POST. REF.	DEBIT	CREDIT	BALANCE	
					DEBIT	CREDIT

Mastery Problem (Continued)

ACCOUNT *Registration Fees*   ACCOUNT NO. *411*

DATE	ITEM	POST. REF.	DEBIT	CREDIT	BALANCE DEBIT	BALANCE CREDIT

ACCOUNT *Wage Expense*   ACCOUNT NO. *542*

DATE	ITEM	POST. REF.	DEBIT	CREDIT	BALANCE DEBIT	BALANCE CREDIT

ACCOUNT *Telephone Expense*   ACCOUNT NO. *545*

DATE	ITEM	POST. REF.	DEBIT	CREDIT	BALANCE DEBIT	BALANCE CREDIT

ACCOUNT *Utility Expense*   ACCOUNT NO. *549*

DATE	ITEM	POST. REF.	DEBIT	CREDIT	BALANCE DEBIT	BALANCE CREDIT

ACCOUNT *Postage Expense*   ACCOUNT NO. *564*

DATE	ITEM	POST. REF.	DEBIT	CREDIT	BALANCE DEBIT	BALANCE CREDIT

Mastery Problem (Concluded)

4.

ACCOUNT	ACCT NO.	DEBIT BALANCE	CREDIT BALANCE

Name _____ CHAPTER 8   155

Exercise 8A1 or 8B1

1. _____   5. _____
2. _____   6. _____
3. _____   7. _____
4. _____

Exercise 8A2 or 8A3

	DEPOSIT TICKET	63-1209 / 631
WIZARD BANK 3711 Buena Vista Dr. Orlando, FL 32811-1314	CURRENCY	
	COIN	
DATE _____ 19 --	C H E C K S	
CHECKS AND OTHER ITEMS ARE RECEIVED FOR DEPOSIT SUBJECT TO THE TERMS AND CONDITIONS OF THIS FINANCIAL INSTITUTION'S ACCOUNT AGREEMENT.	TOTAL FROM OTHER SIDE	
	SUB-TOTAL	
SIGN HERE **ONLY** IF CASH RECEIVED FROM DEPOSIT	LESS CASH RECEIVED	
⑆063112094⑆	TOTAL DEPOSIT	

Exercise 8A3 or 8B3

NO.1		NO.1 63-1209/631
DATE _____ 19 --		_____ 19 ____
TO _____	PAY TO THE ORDER OF _____ $ _____
FOR _____	
ACCT. _____	_____ DOLLARS
	FOR CLASSROOM USE ONLY	
DOLLARS | CENTS		
BAL. BRO'T FOR'D	**WIZARD BANK**	
AMT. DEPOSITED		
TOTAL		BY _____
AMT. THIS CHECK		
BAL. CAR'D FOR'D	⑆063112094⑆	

CHAPTER 8

Exercise 8A4 or 8B4

Ending Bank Balance	Ending Check-Book Balance
a. _____	_____
b. _____	_____
c. _____	_____
d. _____	_____
e. _____	_____
f. _____	_____
g. _____	_____

Exercise 8A5 or 8B5

JOURNAL   PAGE

	DATE	DESCRIPTION	POST. REF.	DEBIT	CREDIT	
1						1
2						2
3						3
4						4
5						5
6						6
7						7
8						8
9						9
10						10
11						11
12						12
13						13
14						14
15						15
16						16
17						17
18						18
19						19
20						20
21						21
22						22
23						23

Name _____   CHAPTER 8   157

Exercise 8A6 or 8B6

JOURNAL   PAGE

	DATE	DESCRIPTION	POST. REF.	DEBIT	CREDIT	
1						1
2						2
3						3
4						4
5						5
6						6
7						7
8						8
9						9
10						10
11						11
12						12
13						13
14						14
15						15
16						16
17						17
18						18
19						19
20						20
21						21
22						22
23						23
24						24
25						25
26						26
27						27
28						28
29						29
30						30
31						31
32						32
33						33

CHAPTER 8

Exercise 8A7 or 8B7

JOURNAL PAGE

	DATE	DESCRIPTION	POST. REF.	DEBIT	CREDIT	

Name _____ **CHAPTER 8** 159

Problem 8A1 or 8B1

1.

2.

		JOURNAL			PAGE
DATE		DESCRIPTION	POST. REF.	DEBIT	CREDIT
1					
2					
3					
4					
5					
6					
7					
8					
9					
10					
11					
12					
13					

160 CHAPTER 8

Problem 8A2 or 8B2

1. and 3.

JOURNAL PAGE

DATE	DESCRIPTION	POST. REF.	DEBIT	CREDIT

Name _____ CHAPTER 8   161

Problem 8A2 or 8B2 (Concluded)

2. and 3.

PETTY CASH PAYMENTS FOR THE MONTH OF _____ 19____   PAGE _____

DAY	DESCRIPTION	VOU. NO.	TOTAL AMOUNT	SUPPLIES EXP.	POSTAGE EXP.	CHAR. CON. EXP.	TELEPHONE EXP.	TRAVEL EXP.	MISC. EXP.	ACCOUNT	AMOUNT	
						DISTRIBUTION OF DEBITS						
1												1
2												2
3												3
4												4
5												5
6												6
7												7
8												8
9												9
10												10
11												11
12												12
13												13
14												14
15												15
16												16
17												17
18												18
19												19
20												20

CHAPTER 8

Problem 8A3 or 8B3

1.

JOURNAL PAGE 8

DATE	DESCRIPTION	POST. REF.	DEBIT	CREDIT

2. and 3.

ACCOUNT ACCOUNT NO.

DATE	ITEM	POST. REF.	DEBIT	CREDIT	BALANCE DEBIT	BALANCE CREDIT

Name _____   **CHAPTER 8** 163

Mastery Problem

1.

JOURNAL   PAGE

	DATE	DESCRIPTION	POST. REF.	DEBIT	CREDIT	
1						1
2						2
3						3
4						4
5						5
6						6
7						7
8						8
9						9
10						10
11						11
12						12
13						13
14						14
15						15
16						16
17						17
18						18
19						19
20						20
21						21
22						22
23						23
24						24
25						25
26						26
27						27
28						28
29						29
30						30
31						31
32						32

Mastery Problem (Continued)

	DATE	DESCRIPTION	POST. REF.	DEBIT	CREDIT	

Mastery Problem (Continued)

1.

PETTY CASH PAYMENTS FOR THE MONTH OF _____ 19__ PAGE ___

DAY	DESCRIPTION	VOU. NO.	TOTAL AMOUNT	TRUCK EXP.	POSTAGE EXP.	CHAR. CON. EXP.	TELEPHONE EXP.	ADVER. EXP.	MISC. EXP.	ACCOUNT	AMOUNT
1											
2											
3											
4											
5											
6											
7											
8											
9											
10											
11											
12											
13											
14											
15											
16											
17											
18											
19											
20											

CHAPTER 8

Mastery Problem (Concluded)

2.

Name _____ **CHAPTER 9**   167

Exercise 9A1 or 9B1

a. _____ hours at straight time × _____ per hour   _____

b. _____ hours overtime × _____ per hour   _____

c. Total gross wages   _____

d. Federal income tax withholding
   (from tax tables in Figure 9-4)   _____

e. FICA withholding at 7.5 percent   _____

f. Total withholding   _____

g. Net pay   _____

Exercise 9A2 or 9B2

_____
_____
_____
_____

Exercise 9A3 or 9B3

a.
_____
_____
_____

b.
_____
_____
_____

Exercise 9A4 or 9B4

    **Amount of
    Withholding**

a. _____
b. _____
c. _____
d. _____
e. _____

168　CHAPTER 9

Exercise 9A5 or 9B5

Year-to Date Earnings	Amount not Subject to FICA	Amount Subject to FICA	FICA Tax Withheld
————	————	————	————
————	————	————	————
————	————	————	————
————	————	————	————

Exercise 9A6 or 9B6

————————————————————

JOURNAL　　　PAGE

	DATE	DESCRIPTION	POST. REF.	DEBIT	CREDIT	
1						1
2						2
3						3
4						4
5						5
6						6
7						7
8						8
9						9

Exercise 9A7 or 9B7

JOURNAL　　　PAGE

	DATE	DESCRIPTION	POST. REF.	DEBIT	CREDIT	
1						1
2						2
3						3
4						4
5						5
6						6
7						7
8						8
9						9

Name _____ **CHAPTER 9** 169

Problem 9A1 or 9B1

1.

2.

	DATE		DESCRIPTION	POST. REF.	DEBIT	CREDIT	
1							1
2							2
3							3
4							4
5							5
6							6
7							7
8							8
9							9
10							10
11							11
12							12
13							13
14							14
15							15

JOURNAL   PAGE

CHAPTER 9

Problem 9A2 or 9B2

1.

PAYROLL REGISTER

	NAME	EMPLOYEE NO.	ALLOW-ANCES	MARITAL STATUS	EARNINGS				TAXABLE EARNINGS	
					REGULAR	OVER-TIME	TOTAL	CUMULATIVE TOTAL	UNEMPLOY COMP.	FICA
1										
2										
3										
4										
5										
6										
7										
8										
9										
10										
11										
12										

Problem 9A2 or 9B2 (Concluded)

FOR PERIOD ENDED _____ 19--

	DEDUCTIONS							NET PAY	CK. NO.
FEDERAL INC. TAX	FICA TAX	HEALTH INS.	CREDIT UNION	UNITED WAY	OTHER		TOTAL		

2.

JOURNAL PAGE _____

	DATE	DESCRIPTION	POST. REF.	DEBIT	CREDIT	
1						1
2						2
3						3
4						4
5						5
6						6
7						7
8						8
9						9
10						10
11						11
12						12
13						13
14						14

Problem 9A3 or 9B3

1.

PAYROLL REGISTER

	NAME	EMPLOYEE NO.	ALLOW-ANCES	MARITAL STATUS	EARNINGS				TAXABLE EARNINGS	
					REGULAR	OVER-TIME	TOTAL	CUMULATIVE TOTAL	UNEMPLOY COMP.	FICA
1										
2										
3										
4										
5										
6										
7										
8										
9										
10										
11										
12										

Name _____ **CHAPTER 9** 173

Problem 9A3 or 9B3 (Concluded)

FOR PERIOD ENDED _____ 19--

FEDERAL INC. TAX	FICA TAX	CITY TAX	LIFE INS.	HEALTH INS.	CREDIT UNION	OTHER	TOTAL	NET PAY	CK. NO.

(Deductions table with 12 rows)

2.

JOURNAL   PAGE _____

DATE	DESCRIPTION	POST. REF.	DEBIT	CREDIT

(Journal with 14 rows)

Problem 9A4 or 9B4

EMPLOYEE'S EARNINGS RECORD

19-- PERIOD ENDING	EARNINGS				TAXABLE EARNINGS		DEDUCTIONS	
	REGULAR	OVERTIME	TOTAL	CUMULATIVE TOTAL	UNEMPLOY. COMP.	FICA	FEDERAL INC. TAX	FICA TAX

SEX		DEPARTMENT	OCCUPATION	SOCIAL SECURITY NO.	MARITAL STATUS	EXEMPTIONS
M	F					

Problem 9A4 or 9B4 (Concluded)

FOR PERIOD ENDED 19--

DEDUCTIONS						NET PAY	
CITY TAX	LIFE INS.	HEALTH INS.	CREDIT UNION	OTHER	TOTAL	CK. NO.	AMOUNT

PAY RATE	DATE OF BIRTH	DATE EMPLOYED	NAME-LAST FIRST MIDDLE	EMP. NO.

176 CHAPTER 9

Mastery Problem

1.

PAYROLL REGISTER

	NAME	EMPLOYEE NO.	ALLOW-ANCES	MARITAL STATUS	EARNINGS				TAXABLE EARNINGS	
					REGULAR	OVER-TIME	TOTAL	CUMULATIVE TOTAL	UNEMPLOY COMP.	FICA
1										
2										
3										
4										
5										
6										
7										
8										
9										
10										
11										
12										
13										
14										
15										
16										

3.

EMPLOYEE'S EARNINGS RECORD

19-- PERIOD ENDING	EARNINGS				TAXABLE EARNINGS		DEDUCTIONS	
	REGULAR	OVERTIME	TOTAL	CUMULATIVE TOTAL	UNEMPLOY. COMP.	FICA	FEDERAL INC. TAX	FICA TAX

SEX		DEPARTMENT	OCCUPATION	SOCIAL SECURITY NO.	MARITAL STATUS	EXEMP-TIONS
M	F					

Name _____

CHAPTER 9   177

Mastery Problem (Continued)

FOR PERIOD ENDED _____ 19--

FEDERAL INC. TAX	FICA TAX	STATE INC. TAX	LOCAL INC. TAX	LIFE INS.	HEALTH INS.	CREDIT UNION	OTHER	TOTAL	NET PAY	CK. NO.

(16 rows)

FOR PERIOD ENDED *November 25, 19--*

STATE INC. TAX	LOCAL INC. TAX	LIFE INS.	HEALTH INS.	CREDIT UNION	OTHER	TOTAL	CK. NO.	AMOUNT

PAY RATE	DATE OF BIRTH	DATE EMPLOYED	NAME-LAST	FIRST	MIDDLE	EMP. NO.

CHAPTER 9

Mastery Problem (Concluded)

2.

JOURNAL PAGE

DATE	DESCRIPTION	POST. REF.	DEBIT	CREDIT

WEEKLY Payroll Period—Employee MARRIED

And the wages are-		And the number of withholding allowances claimed is—										
At least	But less than	0	1	2	3	4	5	6	7	8	9	10 or more
		The amount of income tax to be withheld shall be—										
$0	$60	$0	$0	$0	$0	$0	$0	$0	$0	$0	$0	$0
60	65	1	0	0	0	0	0	0	0	0	0	0
65	70	1	0	0	0	0	0	0	0	0	0	0
70	75	2	0	0	0	0	0	0	0	0	0	0
75	80	3	0	0	0	0	0	0	0	0	0	0
80	85	4	0	0	0	0	0	0	0	0	0	0
85	90	4	0	0	0	0	0	0	0	0	0	0
90	95	5	0	0	0	0	0	0	0	0	0	0
95	100	6	0	0	0	0	0	0	0	0	0	0
100	105	7	1	0	0	0	0	0	0	0	0	0
105	110	7	2	0	0	0	0	0	0	0	0	0
110	115	8	2	0	0	0	0	0	0	0	0	0
115	120	9	3	0	0	0	0	0	0	0	0	0
120	125	10	4	0	0	0	0	0	0	0	0	0
125	130	10	5	0	0	0	0	0	0	0	0	0
130	135	11	5	0	0	0	0	0	0	0	0	0
135	140	12	6	1	0	0	0	0	0	0	0	0
140	145	13	7	1	0	0	0	0	0	0	0	0
145	150	13	8	2	0	0	0	0	0	0	0	0
150	155	14	8	3	0	0	0	0	0	0	0	0
155	160	15	9	4	0	0	0	0	0	0	0	0
160	165	16	10	4	0	0	0	0	0	0	0	0
165	170	16	11	5	0	0	0	0	0	0	0	0
170	175	17	11	6	0	0	0	0	0	0	0	0
175	180	18	12	7	1	0	0	0	0	0	0	0
180	185	19	13	7	2	0	0	0	0	0	0	0
185	190	19	14	8	2	0	0	0	0	0	0	0
190	195	20	14	9	3	0	0	0	0	0	0	0
195	200	21	15	10	4	0	0	0	0	0	0	0
200	210	22	16	11	5	0	0	0	0	0	0	0
210	220	23	18	12	7	1	0	0	0	0	0	0
220	230	25	19	14	8	2	0	0	0	0	0	0
230	240	26	21	15	10	4	0	0	0	0	0	0
240	250	28	22	17	11	5	0	0	0	0	0	0
250	260	29	24	18	13	7	1	0	0	0	0	0
At least	But less than	0	1	2	3	4	5	6	7	8	9	10 or more
260	270	31	25	20	14	8	3	0	0	0	0	0
270	280	32	27	21	16	10	4	0	0	0	0	0
280	290	34	28	23	17	11	6	0	0	0	0	0
290	300	35	30	24	19	13	7	2	0	0	0	0
300	310	37	31	26	20	14	9	3	0	0	0	0
310	320	38	33	27	22	16	10	5	0	0	0	0
320	330	40	34	29	23	17	12	6	1	0	0	0
330	340	41	36	30	25	19	13	8	2	0	0	0
340	350	43	37	32	26	20	15	9	4	0	0	0
350	360	44	39	33	28	22	16	11	5	0	0	0
360	370	46	40	35	29	23	18	12	7	1	0	0
370	380	47	42	36	31	25	19	14	8	2	0	0
380	390	49	43	38	32	26	21	15	10	4	0	0
390	400	50	45	39	34	28	22	17	11	5	0	0
400	410	52	46	41	35	29	24	18	13	7	1	0
410	420	53	48	42	37	31	25	20	14	8	3	0
420	430	55	49	44	38	32	27	21	16	10	4	0
430	440	56	51	45	40	34	28	23	17	11	6	0
440	450	58	52	47	41	35	30	24	19	13	7	2
450	460	59	54	48	43	37	31	26	20	14	9	3
460	470	61	55	50	44	38	33	27	22	16	10	5
470	480	62	57	51	46	40	34	29	23	17	12	6
480	490	64	58	53	47	41	36	30	25	19	13	8
490	500	65	60	54	49	43	37	32	26	20	15	9
500	510	67	61	56	50	44	39	33	28	22	16	11
510	520	68	63	57	52	46	40	35	29	23	18	12
520	530	70	64	59	53	47	42	36	31	25	19	14
530	540	71	66	60	55	49	43	38	32	26	21	15
540	550	73	67	62	56	50	45	39	34	28	22	17
550	560	74	69	63	58	52	46	41	35	29	24	18
560	570	76	70	65	59	53	48	42	37	31	25	20
570	580	77	72	66	61	55	49	44	38	32	27	21
580	590	79	73	68	62	56	51	45	40	34	28	23
590	600	80	75	69	64	58	52	47	41	35	30	24
600	610	82	76	71	65	59	54	48	43	37	31	26

WEEKLY Payroll Period—Employee MARRIED

And the wages are-		And the number of withholding allowances claimed is—										
At least	But less than	0	1	2	3	4	5	6	7	8	9	10 or more
		The amount of income tax to be withheld shall be—										
$610	$620	$83	$78	$72	$67	$61	$55	$50	$44	$38	$33	$27
620	630	85	79	74	68	62	57	51	46	40	34	29
630	640	87	81	75	70	64	58	53	47	41	36	30
640	650	90	82	77	71	65	60	54	49	43	37	32
650	660	93	84	78	73	67	61	56	50	44	39	33
660	670	95	85	80	74	68	63	57	52	46	40	35
670	680	98	88	81	76	70	64	59	53	47	42	36
680	690	101	91	83	77	71	66	60	55	49	43	38
690	700	104	93	84	79	73	67	62	56	50	45	39
700	710	107	96	86	80	74	69	63	58	52	46	41
710	720	109	99	88	82	76	70	65	59	53	48	42
720	730	112	102	91	83	77	72	66	61	55	49	44
730	740	115	105	94	85	79	73	68	62	56	51	45
740	750	118	107	97	86	80	75	69	64	58	52	47
750	760	121	110	100	89	82	76	71	65	59	54	48
760	770	123	113	102	92	83	78	72	67	61	55	50
770	780	126	116	105	95	85	79	74	68	62	57	51
780	790	129	119	108	98	87	81	75	70	64	58	53
790	800	132	121	111	100	90	82	77	71	65	60	54
800	810	135	124	114	103	93	84	78	73	67	61	56
810	820	137	127	116	106	95	85	80	74	68	63	57
820	830	140	130	119	109	98	88	81	76	70	64	59
830	840	143	133	122	112	101	91	83	77	71	66	60
840	850	146	135	125	114	104	93	84	79	73	67	62
850	860	149	138	128	117	107	96	86	80	74	69	63
860	870	151	141	130	120	109	99	88	82	76	70	65
870	880	154	144	133	123	112	102	91	83	77	72	66
880	890	157	147	136	126	115	105	94	85	79	73	68
890	900	160	149	139	128	118	107	97	86	80	75	69
900	910	163	152	142	131	121	110	100	89	82	76	71
910	920	165	155	144	134	123	113	102	92	83	78	72
920	930	168	158	147	137	126	116	105	95	85	79	74
930	940	171	161	150	140	129	119	108	98	87	81	75
940	950	174	163	153	142	132	121	111	100	90	82	77
950	960	177	166	156	145	135	124	114	103	93	84	78
At least	But less than	0	1	2	3	4	5	6	7	8	9	10 or more
960	970	179	169	158	148	137	127	116	106	95	85	80
970	980	182	172	161	151	140	130	119	109	98	88	81
980	990	185	175	164	154	143	133	122	112	101	91	83
990	1,000	188	177	167	156	146	135	125	114	104	93	84
1,000	1,010	191	180	170	159	149	138	128	117	107	96	86
1,010	1,020	193	183	172	162	151	141	130	120	109	99	88
1,020	1,030	196	186	175	165	154	144	133	123	112	102	91
1,030	1,040	199	189	178	168	157	147	136	126	115	105	94
1,040	1,050	202	191	181	170	160	149	139	128	118	107	97
1,050	1,060	205	194	184	173	163	152	142	131	121	110	100
1,060	1,070	207	197	186	176	165	155	144	134	123	113	102
1,070	1,080	210	200	189	179	168	158	147	137	126	116	105
1,080	1,090	213	203	192	182	171	161	150	140	129	119	108
1,090	1,100	216	205	195	184	174	163	153	142	132	121	111
1,100	1,110	219	208	198	187	177	166	156	145	135	124	114
1,110	1,120	221	211	200	190	179	169	158	148	137	127	116
1,120	1,130	224	214	203	193	182	172	161	151	140	130	119
1,130	1,140	227	217	206	196	185	175	164	154	143	133	122
1,140	1,150	230	219	209	198	188	177	167	156	146	135	125
1,150	1,160	233	222	212	201	191	180	170	159	149	138	128
1,160	1,170	235	225	214	204	193	183	172	162	151	141	130
1,170	1,180	238	228	217	207	196	186	175	165	154	144	133
1,180	1,190	241	231	220	210	199	189	178	168	157	147	136
1,190	1,200	244	233	223	212	202	191	181	170	160	149	139
1,200	1,210	247	236	226	215	205	194	184	173	163	152	142
1,210	1,220	249	239	228	218	207	197	186	176	165	155	144
1,220	1,230	252	242	231	221	210	200	189	179	168	158	147
1,230	1,240	255	245	234	224	213	203	192	182	171	161	150
1,240	1,250	258	247	237	226	216	205	195	184	174	163	153
1,250	1,260	261	250	240	229	219	208	198	187	177	166	156
1,260	1,270	263	253	242	232	221	211	200	190	179	169	158

Name _____

CHAPTER 10 181

Exercise 10A1 or 10B1

1.

2.

	DATE	DESCRIPTION	POST. REF.	DEBIT	CREDIT	
1						1
2						2
3						3
4						4
5						5
6						6
7						7

JOURNAL PAGE _____

Exercise 10A2 or 10B2

JOURNAL PAGE _____

	DATE	DESCRIPTION	POST. REF.	DEBIT	CREDIT	
1						1
2						2
3						3
4						4
5						5

CHAPTER 10

Exercise 10A3 or 10B3

| | Taxable Earnings | |
Name	FICA	Unemploy.
Adams/Carlson		
Ellis/Davis		
Lewis		
Mason/Nixon		
Yates/Shippe		
Zielke/Watts		
Total		

JOURNAL PAGE

	DATE	DESCRIPTION	POST. REF.	DEBIT	CREDIT	
1						1
2						2
3						3
4						4

Exercise 10A4 or 10B4

JOURNAL PAGE

	DATE	DESCRIPTION	POST. REF.	DEBIT	CREDIT	
1						1
2						2
3						3
4						4
5						5
6						6
7						7
8						8
9						9
10						10

Name _____ CHAPTER 10 183

Exercise 10A5 or 10B5

_____
_____
_____
_____
_____
_____

Exercise 10A6 or 10B6

1.

_____

JOURNAL   PAGE

	DATE	DESCRIPTION	POST. REF.	DEBIT	CREDIT	
1						1
2						2
3						3
4						4
5						5

2.

_____
_____
_____
_____
_____

JOURNAL   PAGE

	DATE	DESCRIPTION	POST. REF.	DEBIT	CREDIT	
1						1
2						2
3						3
4						4
5						5

CHAPTER 10

Problem 10A1 or 10B1

1.

Name	Taxable Earnings	
	Unemploy. Comp.	FICA
Barnum/Ackers		
Duel/Conley		
Hunt/Davis		
Larson/Lawrence		
Miller/Rawlings		
Swan/Tester		
Yates/Wray		
Total		

2.

JOURNAL   PAGE

	DATE	DESCRIPTION	POST. REF.	DEBIT	CREDIT	
1						1
2						2
3						3
4						4
5						5
6						6
7						7
8						8
9						9
10						10
11						11

Name _____

CHAPTER 10 185

Problem 10A2 or 10B2

1.

JOURNAL

PAGE _____

DATE	DESCRIPTION	POST. REF.	DEBIT	CREDIT

Problem 10A2 or 10B2 (Continued)

JOURNAL PAGE

	DATE	DESCRIPTION	POST. REF.	DEBIT	CREDIT	
1						1
2						2
3						3
4						4
5						5
6						6
7						7
8						8
9						9
10						10
11						11
12						12
13						13
14						14
15						15
16						16
17						17
18						18
19						19
20						20
21						21
22						22
23						23
24						24
25						25
26						26
27						27
28						28
29						29
30						30
31						31
32						32
33						33
34						34

Problem 10A2 or 10B2 (Concluded)

2.

| Cash | 111 | | FICA Tax Payable | 211 |

| FUTA Tax Payable | 212 | | SUTA Tax Payable | 213 |

| Employ. Inc. Tax Pay. | 214 | | Savings Bonds Payable | 261 |

| Wages and Salary Expense | 542 | | Payroll Taxes Expense | 552 |

CHAPTER 10

Problem 10A3 or 10B3

1.

	JOURNAL			PAGE
DATE	DESCRIPTION	POST. REF.	DEBIT	CREDIT

2.

	JOURNAL			PAGE
DATE	DESCRIPTION	POST. REF.	DEBIT	CREDIT

Name _____

CHAPTER 10   189

Problem 10A3 or 10B3 (Concluded)

3.

_____
_____
_____
_____
_____
_____
_____
_____
_____
_____
_____

JOURNAL   PAGE _____

	DATE	DESCRIPTION	POST. REF.	DEBIT	CREDIT	
1						1
2						2
3						3
4						4
5						5
6						6
7						7
8						8
9						9
10						10
11						11
12						12
13						13
14						14
15						15
16						16
17						17
18						18
19						19
20						20
21						21

CHAPTER 10

Mastery Problem

JOURNAL   PAGE

DATE	DESCRIPTION	POST. REF.	DEBIT	CREDIT

Name _____ **CHAPTER 10** 191

Mastery Problem (Concluded)

JOURNAL   PAGE

#	DATE	DESCRIPTION	POST. REF.	DEBIT	CREDIT	#
1						1
2						2
3						3
4						4
5						5
6						6
7						7
8						8
9						9
10						10
11						11
12						12
13						13
14						14
15						15
16						16
17						17
18						18
19						19
20						20
21						21
22						22
23						23
24						24
25						25
26						26
27						27
28						28
29						29
30						30
31						31
32						32
33						33